Bastelwerkstatt Stoff

urania

Petra Hoffmann
Susanne Vollmer-Gerhard

Bastelwerkstatt Stoff

Kreative Ideen für Kinder ab 6 Jahren

Mit Bildern von Jürgen Fey und Petra Hoffmann

Inhalt

Vorwort

Hallo,

Hast du schon einmal Lust auf Nähen gehabt? Und hat dir schon jemand gezeigt, was sich alles aus Stoffen basteln lässt? Oder hast du bisher immer gedacht, das sei etwas völlig Langweiliges? Wie auch immer es sich verhalten mag – mit unserem Buch laden wir dich ein auf eine Entdeckungsreise in die Welt der Stoffe. Du lernst nicht nur, eine Rakete zu nähen, sondern auch, wie du deine Schuhe zum Mitwachsen bringst, was du tun musst, damit Stoff wasserfest wird, und wie sich herrliche Tobekissen anfertigen lassen. Nach ein paar kurzen Erklärungen zu Stoffen allgemein zeigen wir, wie du sie reißen, kleben, aufbügeln oder bemalen kannst. Anschließend lernst du die wichtigsten Dinge rund ums Nähen mit der Hand, bevor es im letzten Kapitel ans Nähen mit der Nähmaschine geht.
Fällt dir ein Arbeitsschritt zu schwer, so findest du sicherlich jemanden in deiner Nähe, der aushelfen kann. Manche Modelle kannst du sogar prima in der Gruppe erarbeiten und dich mit deinen Freunden dabei beraten. Und natürlich: Bei allen Modellen ist erlaubt, was auch immer dir gefällt. Denn du weißt: Fantasie kennt keine Grenzen!

Liebe Eltern!

Mit diesem Buch möchten wir Kindern nicht nur zeigen, dass Nähen keine „verstaubte Angelegenheit" ist, sondern sie auch davon überzeugen, dass Nähen eine nützliche Fähigkeit ist, um sich seine eigene Welt zu gestalten. Dabei ist uns besonders wichtig, dass das Nähen der Weg ist, das Spiel aber das Ziel bleibt.
Jedem Kapitel vorangestellt, erläutern bebilderte Extra-Seiten die verwendeten Materialien und nützliche Techniken. Je nach Modell ist es aber dennoch wichtig, dass die Kinder von ihren Eltern unterstützt werden. Gerade im Hinblick auf das Nähen mit der Nähmaschine ist es unverzichtbar, dass ein Erwachsener die Arbeitsschritte begleitet und vor allen Dingen die technischen Details im Vorfeld erklärt.

Wir wünschen Groß und Klein viel Spaß!
Petra Hoffmann und Susanne Vollmer-Gerhard

Altersangaben

Bei jedem Modell finden Sie eine Altersangabe. Diese dient als ungefährer Anhaltspunkt, da die Entwicklung der feinmotorischen Fähigkeiten bei Kindern sehr unterschiedlich ausfällt.
Natürlich können auch ältere Kinder Bastelideen für Kleinere nacharbeiten, umgekehrt können sich Kleinere mit entsprechender Unterstützung an etwas schwierigere Objekte wagen.

mein Obst

Kleine Stoffkunde

Woraus bestehen Stoffe?

Stoffe bestehen aus unterschiedlichen Garnen. Das Aussehen eines Stoffes, seine Farben, Muster und sein Griff – d. h. wie er sich anfühlt – hängen ganz davon ab, woraus die einzelnen Garne bestehen. Grundsätzlich kannst du Stoffe in zwei Gruppen aufteilen:

1. Stoffe aus künstlichen Fasern

2. Stoffe aus natürlichen Fasern

Natürliche Fasern unterteilt man wiederum in pflanzliche und tierische Fasern.

Pflanzliche Fasern

- Baumwolle wächst an Sträuchern und sieht Watte sehr ähnlich. Im 14. Jahrhundert kam die Baumwolle nach Europa und hat sich nach und nach zu dem wichtigsten Ausgangsmaterial für die Stoffherstellung entwickelt. Die Anbauländer für Baumwolle befinden sich in Europa, Afrika und Amerika.
- Leinen wird aus der Flachspflanze gewonnen. Bis Mitte des letzten Jahrhunderts war Leinen neben Wolle der meist verwendete Textilrohstoff und wurde anschließend durch die preisgünstigere Baumwolle verdrängt. Viele Anbaugebiete befinden sich in Europa und Russland.

Tierische Fasern

- Seide ist vor ca. 2000 Jahren von China aus über die Seidenstraße nach Europa gekommen. Die Seide ist ein sehr kostbarer Stoff, den sich früher nur Könige und Edelleute leisten konnten. Aus dem Kokon der Maulbeerspinnerraupe wird ein langer Seidenfaden gewonnen. Der Faden ist sehr fein und glatt. Nach dem Weben entsteht ein besonders schön glänzender Stoff. Herkunftsländer der Seide befinden sich heute vor allem in Asien und Südeuropa.
- Wolle wird aus dem geschorenen Fell verschiedener Schafrassen gewonnen. Zur Wollproduktion werden fast auf der ganzen Welt Schafe gezüchtet. Die größten Herkunftsgebiete befinden sich in Australien, Neuseeland und Russland.

Wie werden Stoffe hergestellt?

Es gibt verschiedene Herstellungsverfahren für Stoffe – die drei wichtigsten sind Weben, Wirken (Stricken) und Filzen.

- Gewebte Stoffe haben immer einen Kettfaden und einen Schussfaden. Die Kettfäden laufen, wie auf einem Webrahmen, von oben nach unten. Die Schussfäden werden von rechts nach links und von links nach rechts durch die Kettfäden gewebt. Unterschiedliche Stoffstrukturen werden dadurch erzeugt, dass man beim Weben in einem regelmäßigen Muster Kettfäden überspringt. Wird mit verschiedenfarbigen Kett- und Schussfäden gearbeitet, können bunte Muster entstehen.
- Gewirkte Stoffe kennst du vielleicht unter dem Begriff „Strickstoffe". Diese Stoffe werden mit einem Endlosfaden maschinell hergestellt. Der Faden läuft wie beim Stricken durch Maschenreihen. Deine Strümpfe sind beispielsweise auf diese Weise hergestellt. Reißt der Faden an einer Stelle, entsteht eine Laufmasche – und aus der Laufmasche wird dann leicht ein Loch ...
- Filze werden aus unterschiedlich lang geschnitten Wollhaaren hergestellt. Die einzelnen Fasern haben kleine Häkchen, die sich ineinander verhaken können. Um sie

wortwörtlich zu verfilzen, brauchen sie Wärme, Feuchtigkeit und jede Menge Seifenlauge. Werden sie dann kräftig geknetet, verdichten sie sich zu einer unauflöslichen Oberfläche.
Rechts siehst du verschiedene Stoffarten. Fast jeder Stoff hat eine rechte und eine linke Seite. Die rechte Seite ist immer die schönere Seite.

1. Das ist ein gestreifter Baumwollstoff. An diesem Muster kannst du erkennen, dass der Stoff mehrfarbige Kettfäden und einfarbige Schussfäden hat.

2. Hier siehst du einen Kordstoff, der sich leicht an seinen Rippen erkennen lässt. Er fühlt sich warm und weich an.

3. Jeansstoff kennst du bestimmt. Er ist besonders robust und strapazierfähig. Jeansstoff muss nicht immer blau, sondern kann auch andersfarbig sein.

4. Dies ist ein bedruckter Baumwollstoff, es gibt ihn in den unterschiedlichsten Farben und Mustern. Zum Basteln und Nähen eignet er sich ausgezeichnet und er lässt sich gut reißen.

5. Langhaarplüsch ist ein sehr weicher, warmer und kuscheliger Stoff, der an Fell erinnert.

6. Seidenstoffe haben einen schönen Glanz und fühlen sich glatt und kühl auf der Haut an.

7. Bastelfilz gibt es in den unterschiedlichsten Stärken. Seine Ränder fransen nicht aus und er lässt sich prima zum Nähen und Basteln verwenden.

8. Nickistoff ist ein kuscheliger Stoff. Elastisch wie er ist, passt er sich jeder Form an.

9. Dieser glitzernde Stoff ist aus künstlichen Fasern hergestellt.

10. Seine schlaufenartige Oberfläche lässt Frottee weich und saugfähig werden.

Stoffe bügeln

Chemiefaser und Seide sind sehr hitzeempfindlich und sollten bei entsprechend niedriger Temperatur gebügelt werden. Für Wolle eignet sich eine mittlere, für Baumwolle und Leinen eine hohe Bügeltemperatur.

Material, Techniken: Basteln mit Stoff

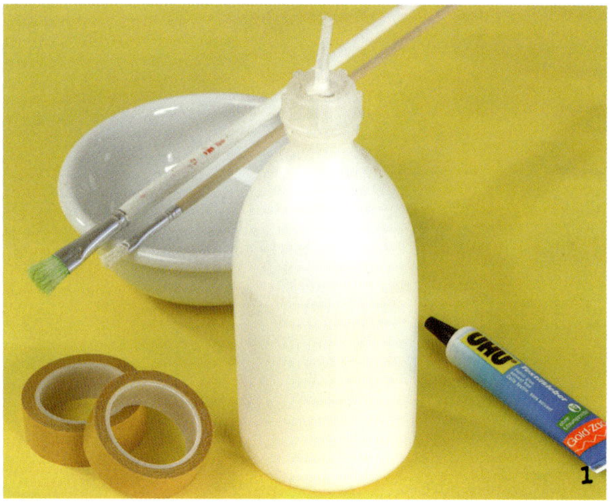

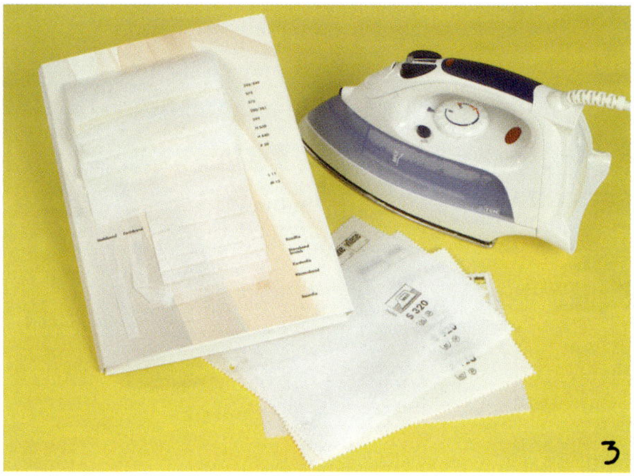

1. Stoffe kleben

Du kannst mit verschiedenen Klebstoffen arbeiten. Bei Textilkleber ist wichtig, dass er transparent auftrocknet. Nach dem Trocknen bleibt er elastisch. Bastelleim trocknet transparent auf und lässt einen Stoff Wasser abweisend werden (siehe S. 20). Aber auch normalen, schnelltrocknenden Bastelkleber kannst du verwenden, um kleinere Stoffverzierungen anzubringen. Doppelseitiges Klebeband klebt auf zwei Seiten und ist transparent.

2. Doppelseitiges Klebevlies

Mit Klebevlies kannst du zwei Stoffe aufeinander bügeln, sie so verstärken und unterschiedlichste Muster kombinieren. Klebevlies hat eine Klebe- und eine Papierseite. Zunächst wird es mit der Klebeseite nach unten auf den ersten Stoff gebügelt. Dann ziehst du die Papierseite ab und bügelst den zweiten Stoff auf den bereits mit Klebevlies versehenen Stoff. Bei besonderer Hitzeempfindlichkeit muss ein Stoff beim Bügeln mit einem Baumwolltuch abgedeckt werden.

3. Bügeleinlagen

Bügeleinlagen gibt es in verschiedenen Stärken. Sie können wattiert, glatt oder fest sein und dienen in jedem Fall dazu, die Eigenschaft eines Stoffes zu verändern. So werden Stoffe durch Bügeleinlagen beispielsweise wärmer, dicker, stabiler oder lassen sich besser in Form bringen. Im Unterschied zum zweiseitigen Klebevlies sind Einlagen nur auf einer Seite mit Klebstoff beschichtet. Sie werden mit der beschichteten Klebeseite auf den Stoff gelegt und mit dem Bügeleisen fixiert.

4. Stoffe bemalen

Um Stoffe zu bemalen, lassen sich unterschiedlichste Farben verwenden. So gibt es spezielle Stoffmalfarben, die du mit dem Pinsel aufträgst, oder Stoffmalstifte „aus der Tube". Nach dem Auftragen und Trocknen der Farbe, musst du sie mit dem Bügeleisen fixieren. Wichtig ist, dass du dabei die Herstellerangaben befolgst. Ebenso kannst du Stoffe einfach mit Wachsmalstiften bemalen. Hierfür solltest du am besten helle Stoffe auswählen, dann leuchten die Farben kräftiger.

5. Loch- und Ösenzange

Mit einer Lochzange kannst du unterschiedlich große Löcher in Stoffe stanzen. Ist ein Stoff beispielsweise zu dick, um ihn direkt mit der Nadel zu durchstechen, stanzt du vorher kleine Löcher aus. Auch um Metallösen für eine stabile Aufhängung zu befestigen, musst du erst ein Loch stanzen. Anschließend schiebst du die Metallöse durch das Loch und quetschst sie mit der Ösenzange zusammen. Metallösen findest du samt Ösenzange im Bastelladen.

6. Schneiden und Reißen

Zum Schneiden von Stoffen benötigst du eine scharfe Schere. Mit einer Zackenschere kannst du außerdem schöne Zierkanten schneiden und das schnelle Ausfransen von Stoffkanten verhindern. Stoffe lassen sich übrigens auch reißen, allerdings hängt es davon ab, wie sie gewebt sind. Am besten machst du erst einen Test: Schneide die Stoffkante ca. 5 cm ein und reiße dann den Stoff mit einem kräftigen Ruck auseinander. Erhältst du einen geraden Streifen, ist der Stoff geeignet (siehe auch S. 12).

Häkelkissen

Material

Alter Bettbezug, Stoffreste in Weiß, Textilkleber, Zackenschere, Schere, Maßband, Bleistift

1

2

Wer hätte das gedacht? Dieses Kissen kannst du einfach mit deinen Fingern häkeln ...

1. Um „Häkelgarn" herzustellen, benötigst du einen alten Bettbezug. Die seitlichen Nähte und die Knopfleiste schneidest du ab.

2. Anschließend markierst du an der schmalen Seite des Bezugs alle 6 cm einen Punkt und schneidest diesen ca. 5 cm ein.

3. Jetzt reißt du das Bettlaken nacheinander in einzelne lange Streifen.

4. Die Streifen klebst du mit Textilkleber an den schmalen Seiten zu einem langen Band zusammen. Die einzelnen Streifen überlappen dabei ungefähr 2 cm. Ist der Kleber getrocknet, rollst du das Band zu einem Knäuel auf.

5. Jetzt geht's ans Fingerhäkeln: Du machst eine Anfangsschlaufe und ziehst den Stoffstreifen durch die Schlinge – deine erste Luftmasche! Diesen Vorgang wiederholst du 14-mal, bis du eine Luftmaschenschlange hast (Bild 1).

6. Jetzt steckst du den Finger in die vorletzte Masche, ziehst den Stoffstreifen hindurch und stichst den Finger samt Stoffstreifen in die nächste bereits vorhandene Masche. Das Ganze wiederholst du so oft, bis du wieder am Anfang der Luftmaschenschlange ankommst.

7. Nun geht es immer eine Reihe hin und eine Reihe zurück (Bild 2). Am Ende jeder Reihe wird eine Luftmasche gehäkelt, bevor du mit einer neuen Reihe anfängst. Insgesamt häkelst du 12 Reihen. Dann schneidest du das Band ab und ziehst es ein letztes Mal durch die letzte Schlaufe.

8. Für eine Quaste schneidest du mit der Zackenschere fünf 1,5 cm breite und 16 cm lange Stoffstreifen in Weiß und zwei bunte zu.

9. Die weißen Streifen werden nebeneinander gelegt. Dann knotest du alle fünf Streifen in der Mitte mit einem Streifen aus dem Bettbezug zusammen. Die weißen Streifen legst du nun mittig aufeinander, sodass die zehn Stoffenden aufeinander treffen. Mit dem zweiten bunten Streifen machst du jetzt noch einen Knoten unterhalb des ersten Knotens und schneidest das Bandende ab. Das Bandende vom ersten Knoten wird zum Schluss an einer Kissenecke festgeknotet. Ebenso fertigst du die nächsten drei Quasten an.

Alter

ab 6 Jahren

Stoffe reißen

Am besten lassen sich Stoffe mit einer Leinwandbindung reißen. Diese erkennst du daran, dass sich die Garne immer kreuzen.

Stoffschmuck

Material

Baumwollstoff in drei Farben
Bunte Perlen, Trinkhalm
Schmuckdraht, Gummiband
Lochzange
Doppelseitiges Klebevlies
Zackenschere, Schere
Bastelkleber, Lineal
Bleistift
Bügeleisen

Aus Stoff und Filz lassen sich Ketten und Armbänder im Handumdrehen basteln. Natürlich kannst du dir die Materialien in deinen Lieblingsfarben zusammenstellen.

1. Für das Armband ebenso wie für die Kette benötigst du jeweils zwei gleich lange, verschiedenfarbige Stoffstreifen und einen entsprechend langen Streifen Klebevlies. Für die Kette betragen die Streifenmaße 140 x 3 cm, für das Armband 60 x 3 cm.

2. Den Klebevliesstreifen legst du auf einen entsprechend langen Stoffstreifen, die Papierseite zeigt dabei nach oben. Dann bügelst du das Klebevlies auf Stufe 3 mit dem Bügeleisen auf den Stoffstreifen. Danach ziehst du das Papier vom Vlies ab, legst den zweiten Stoffstreifen deckungsgleich darüber und bügelst diesen ebenfalls auf (siehe S. 10, Bild 2).

3. Mit der Zackenschere werden die Stoffstreifen auf eine Breite von 1,5 cm zurückgeschnitten.

4. Dann markierst du alle 2,5 cm einen kleinen Punkt mittig auf den Stoffstreifen und stanzt an diesen Stellen mit der Lochzange Löcher (siehe Seite 11, Bild 5).

5. Beim Armband fädelst du das Gummiband abwechselnd durch eine Perle und ein Loch im Stoff. Die Gummibandenden verknotest du, sobald das Armband die passende Länge hat.

6. Bei der Kette reißt du für die Blüten mehrere, ca. 1 cm

breite und 50 cm lange Streifen von dem dritten Baumwollstoff ab und franst die Bänder leicht aus. Dann zerschneidest du die Streifen in ca. 10 cm lange Stücke. Zusätzlich schneidest du drei ungefähr 1,5 cm lange Trinkhalmstücke ab.

7. Jeweils zehn Stoffstreifen legst du um ein Trinkhalmstück und bindest sie mit Schmuckdraht ganz fest. Die Drahtenden schneidest du ab. Jetzt kannst du die Blüte auffächern und eine kleine Perle in die Mitte kleben.

8. Zum Schluss fädelst du wie beim Armband das Gummiband abwechselnd durch eine Perle, dann durch ein Loch in dem Stoffstreifen. Zwischendurch fädelst du die Blüten mit Hilfe der Trinkhalmstückchen auf und verknotest zum Schluss die Gummibandenden.

Alter

ab 6 Jahren

Tipp
Bei der Auswahl deiner Perlen solltest du darauf achten, dass das Gummiband leicht durch die Bohrung passt.

Lampions

Material

Bunte Stoffreste
Glasgefäße, Teelichter
Bastbänder, Federn
Doppelseitiges Klebeband
Maßband, Schere

Magst du gerne Apfelmus? Oder lieber Marmelade? Dann fallen sicherlich oft leere Konservengläser bei euch an, die sich wunderbar für kunterbunte Lampions eignen.

1. Für jeden Lampion benötigst du unterschiedliche Stoffstücke. Als Grundmaß sollten sie mindestens 40 cm breit und etwa 20 cm lang sein. Hierfür schneidest du die bunten Stoffe an den Rändern, quer zur langen Seite, mit der Schere ein paar Zentimeter ein. Dann reißt du sie in langen Streifen ab. Wenn du gerade Kanten haben möchtest, kannst du alles natürlich auch mit der Schere zuschneiden.

2. Für den im Hintergrund zu sehenden Lampion mit den überlappenden Stoffstücken schneidest du die Streifen zu kleinen Rechtecken. Diese beklebst du anschließend auf der Rückseite mit doppelseitigem Klebeband. Reibe es fest auf den Stoff und ziehe die Papierlage ab. Jetzt brauchst du nur noch die Stoffstücke kreuz und quer auf das Glas zu kleben.

3. Für Querstreifen solltest du zunächst den Umfang deines Glases ausmessen, zähle 1 cm hinzu und schneide deine gerissenen Stoffstreifen auf diese Länge.

4. Pro Streifen klebst du ein ca. 5 cm langes Stück Klebeband auf das Glas. Der Anfang des Stoffstreifens bedeckt 2,5 cm vom Klebestreifen, das Ende trifft auf die verbleibenden 2,5 cm. Die Stoffstreifen überlappen sich dabei um 1 cm. Auf diese Weise kannst du das ganze Glas bedecken.

5. Für Längsstreifen wird die Glashöhe ausgemessen, in diesem Falle gibst du ca. 5 cm Länge hinzu und zerschneidest die Stoffstreifen entsprechend.

6. Pro Stoffstreifen benötigst du zwei ca. 3 cm lange Klebebänder. Ein Klebestreifen bringst du auf dem unteren Glasboden an, den zweiten innerhalb der oberen Glasöffnung. Jetzt kannst du die Stoffstreifen nacheinander befestigen.

7. Möchtest du die Lampions aufhängen, legst du jeweils rechts und links um den oberen Rand eine Schlaufe aus Bast und knotest diese ganz fest zusammen. Jedes Bastband ist ca. 70 cm lang. Die beiden langen Enden der angebrachten Bänder werden als Aufhängung miteinander verknotet. Übrigens macht sich auch bei hinzustellenden Lampions ein Bastband um die Glasöffnung gut.

8. Wenn du möchtest, kannst du deine Lampions zusätzlich mit Indianerfedern schmücken. Stecke sie dazu einfach zwischen ein Bastband und das Glas. Jetzt fehlen nur noch die Teelichter ...

Alter

ab 6 Jahren

Tipp

Die Auswahl der Stoffe ist von großer Bedeutung für die Leuchtkraft deines Lampions: Dünne Stoffe in hellen, fröhlichen Farben lassen das Licht am besten nach außen dringen und verbreiten gute Stimmung.

Fantasievorhang

Material

Einfarbige Stoffbahn,
ca. 100 x 200 cm
Bunte Filzreste
Bunte Stoffreste
Rundholzstab
Bänder als Aufhängung
Federn
Doppelseitiges Klebevlies
Zackenschere, Schere
Ggf. Textilkleber
Lineal, Bleistift
Papier, Bügeleisen

Ganz gleich, ob Fantasietiere, Landschaften, Burgen oder Schlösser: Für diese Gruppenarbeit braucht ihr eine einfarbige Stoffbahn und kunterbunte Reste. Spannend wird's, wenn jeder sich ein Detail ausdenkt und alles anschließend zusammengefügt wird.

1. Zunächst überlegt ihr euch gemeinsam ein Motiv für den Vorhang oder Raumteiler. Dieses könnt ihr erst einmal mit Bleistift auf Papier vorskizzieren. Anschließend teilt ihr die Grundformen untereinander auf – jeder übernimmt einen Körperteil!

2. Als Nächstes sucht ihr euch lustige Stoffe aus, schneidet entsprechend große Stücke Klebevlies zu und bügelt diese bei Stufe 2 bis 3 auf (siehe S. 10, Bild 2). Achtet darauf, dass der Stoff mit der Rückseite nach oben zeigt und das Klebevlies mit der Papierseite nach oben auf dem Stoff liegt.

3. Jetzt malt ihr die jeweiligen Formen auf die Rückseite mit Bleistift auf. Schneidet die Formen großzügig mit der Schere aus.

4. Als Nächstes könnt ihr die Motivkontur exakt mit der Schere nachschneiden. Auf der großen Stoffbahn werden nun alle Einzelteile angeordnet, die Klebeseite des Vlieses zeigt nach unten, zuvor müsst ihr das Papier abziehen.

5. Als Nächstes bügelt ihr die Stoffmotive der Reihe nach auf. Am besten arbeitet ihr euch hierbei von „hinten" nach „vorne" durch – liegen beispielsweise die Beine unter dem Bauch, so fangt ihr zuerst mit den Beinen an und bügelt anschließend den Bauch auf.

6. Damit ihr den Vorhang aufhängen könnt, schneidet ihr einen 3 cm breiten Streifen Klebevlies zu. Dieser muss so lang sein, wie der Vorhang breit ist.

7. Der Vorhang wird umgedreht, die Seite ohne Motiv liegt jetzt oben. 10 cm unterhalb der oberen Stoffkante bügelt ihr den Vliesstreifen auf. Das Papier zieht ihr ab, schlagt die obere Stoffkante um und bügelt diese auf den Vliesstreifen. Durch den so entstandenen Tunnel könnt ihr den Rundholzstab einschieben und zwei Bänder als Aufhängung anbringen.

8. Wenn ihr möchtet, könnt ihr zum Schluss bunte Federn aufkleben und die Ränder eures Kunstwerkes mit der Zackenschere nacharbeiten.

Alter

Gruppenarbeit ab 6 Jahren

Tipp

Nicht alle Stoffe lassen sich sehr heiß bügeln, daher wählt ihr am besten Baumwolle oder Leinen in Kombination mit Klebevlies. Möchtet ihr Langhaarplüsch verwenden, eignet sich am besten Textilkleber zum Anbringen der Zuschnitte.

Schwimmobjekte

Material

Styroporplatte, 4 cm stark
Bunte Baumwollstoffe
Pfeifenputzer
Styroporkugeln
Schleifpapier
Federn, Perlen
Pinsel, Wasserglas
Schaschlikspieß, Stecknadeln
Bastelleim, Schere, Messer
Lineal, Bleistift

Schwimmende Steine, witzige Wasserbewohner und Inseln sind die besten Spielgefährten für Planschbecken, Badewanne oder einen Bachlauf. Aus etwas Styropor, bunten Stoffresten, Pfeifenputzern, Federn usw. kannst du ruckzuck ganz viele unterschiedliche Formen basteln.

1. Als Erstes werden aus der Styroporplatte mit dem Messer kleine Grundformen ausgeschnitten, das können Rechtecke, Quadrate oder organische, also unregelmäßige und geschwungene Formen sein. Anschließend rundest du mit Schleifpapier die Kanten etwas ab.

2. Aus bunten Stoffen schneidest du 3–4 cm breite Streifen zu. Damit sich die Stoffstreifen einfacher um die Rundungen legen lassen, ist es wichtig, diese schräg zuzuschneiden. Das geht am besten, wenn du den Stoff vor dir ausbreitest und mit dem Lineal eine Linie von der oberen rechten zur unteren linken Ecke einzeichnest. Parallel zu dieser Linie werden weitere Diagonalen im Abstand von 3–4 cm eingezeichnet.

3. Die Stoffstreifen wickelst du komplett um die Styroporformen. Ist ein Streifen zu Ende, steckst du ihn mit einer Stecknadel fest und schließt den nächsten Stoffstreifen an, bis alles bedeckt ist.

4. Damit deine Schwimmformen richtig seetüchtig werden, verdünnst du den Bastelleim in einem Glas mit etwas Wasser und trägst ihn ringsherum mit einem Pinsel auf. So verbindet sich der Stoff mit dem Styropor und nach dem Trocknen ist alles wasserdicht.

5. Jetzt kommt das Schönste: Du kannst die Styroporformen nach Lust und Laune schmücken. Die Pfeifenputzer werden mit Perlen dekoriert und in Form gebogen. Um sie zu befestigen, bohrst du zunächst mit dem Schaschlikspieß kleine Löcher in das Styropor und steckst anschließend die Pfeifenputzer hinein. Fehlt noch was? Na ja – vielleicht solltest du deine Werke endlich zu Wasser lassen ...

Alter

ab 6 Jahren
Auch als Gruppenarbeit möglich.

Fächertiere

Material

Bunte Stoffreste
Plüschreste
Papierfächer
Pfeifenputzer
Schwamm
Filzstift
Acrylfarbe, Pinsel
Kreisschablone
Folie, Zirkel
Doppelseitiges Klebevlies
Schere
Bastelkleber
Bleistift
Bügeleisen

Hast du schon von den berühmt-berüchtigten Fächertieren gehört? Nein? Das macht nichts, denn hier lernst du sie kennen. Alles was du brauchst, sind bunte Stoffreste, ein wenig Farbe – und natürlich Papierfächer ...

1. Am besten deckst du zuerst deinen Arbeitstisch mit etwas Folie ab, um keine Flecken zu hinterlassen. Dann breitest du einen Fächer vor dir aus.

2. Den Schwamm halbierst du mit der Schere und befeuchtest ihn leicht. Dann träufelst du etwas Acrylfarbe auf den Schwamm und malst den Fächer damit an.

3. Die Holzstäbchen des Fächers kannst du anschließend mit dem Pinsel in einer anderen Farbe anmalen.

4. Während der Fächer trocknet, bereitest du die bunten Stoffe vor. Dazu legst du auf die Rückseite der Stoffe einen Bogen Klebevlies. Die Klebeseite zeigt nach unten, die Papierseite nach oben. Das Vlies wird mit dem Bügeleisen auf den Stoff gebügelt, anschließend die Papierseite abgezogen (siehe S. 10, Bild 2). Lege einen zweiten Stoff auf und bügele ihn ebenfalls fest.

5. Ganz gleich, ob tausendfüßige Drachen, altersmüde Dinosaurier oder noch nie gesehene Fabelwesen: Zeichne dir Beine, Kopf, Schwanz und sonstige Verzierungen auf den Stoff und schneide sie anschließend aus.

6. Kopf und Schwanz werden in die äußere Fächerfalte eingeklebt, alle anderen Elemente verteilst du, wie es dir gefällt, und klebst sie fest.

7. Für einen Schmetterling schneidest du den oberen

breiten Holzstab des Fächers auf die Hälfte zurück. Dann schneidest du den Fächer in der Mitte durch.

8. Aus Plüsch schneidest du nun zwei gleich große Körper-

teile zu. Auf die glatte Stoffseite klebst du zur Verstärkung drei Pfeifenputzer. Zwei weitere Pfeifenputzer biegst du zu Fühlern und klebst sie am oberen Stoffrand fest. Jetzt streichst du die ganze Fläche mit Bastelkleber ein und klebst beide Plüschzuschnitte aufeinander.

9. Damit der Körper beweglich bleibt, wird er anschließend auf den breiten, in Schritt 7 bereits halbierten Holzstab geklebt.

Alter

ab 6 Jahren

Bilderfahnen

Material

Bunte Stoffreste
Wachsmalkreiden
Bunte Bänder und Borten
Pailletten
Kordel
Ösen und Ösenzange
Pappe
Lochzange
Doppelseitiges Klebevlies
Bastelkleber
Klebeband
Bügeleisen
Baumwolltuch

Findest du es auch jammerschade, wenn deine selbst gemalten Bilder sang- und klanglos in irgendeiner Schublade verschwinden? Bunte Bilderfahnen, quer durchs Zimmer gespannt, sind das beste Gegenmittel ... Übrigens: Diese Idee lässt sich auch leicht mit deinen Klassenkameraden in der Schule umsetzen.

1. Suche dir als Erstes ein paar helle Stoffe aus, lege sie auf ein Stück Pappe und klebe sie an den Rändern mit Klebeband fest.

2. Jetzt malst du mit Wachsmalkreide die Motive deiner Wahl auf den Stoff. Du weißt: Erlaubt ist, was gefällt – ganz gleich, ob es sich um neugierige Außerirdische, geflügelte Pferde oder friedfertige Fische handelt ...

3. Löse nun das Bild von der Pappe ab und schneide aus Klebevlies ein dem Stoff entsprechend großes Stück ab.

4. Lege das Klebevlies auf die Rückseite deines Bildes, die Klebeschicht zeigt zum Stoff, die Papierseite nach oben (siehe Seite 10, Bild 2). Dann bügelst du das Vlies auf, schneidest dein Bild aus und entfernst die Papierseite.

5. Schneide kleine Rechtecke aus andersfarbigen Stoffen zu, die zu deinen Stoffbildern passen. Lege die

Motive mit dem Klebevlies nach unten mittig auf die Stoffrechtecke.

6. Jetzt deckst du die Bilder mit einem sauberen Baumwolltuch ab und bügelst sie auf den Untergrund. Das Baumwolltuch schützt das Bügeleisen vor den Wachsfarben.

7. Als Nächstes kannst du dein Bild mit Bändern, Borten und Pailletten verzieren. Diese klebst du einfach mit Bastelkleber auf. Auch Pfeifenputzer leisten gute Dienste.

8. Damit du das Stoffbild aufhängen kannst, werden in den oberen Ecken zwei Ösen angebracht. Dazu stanzt du erst mit der Lochzange Löcher in den Stoff. Dort steckst du die Ösen rein und quetschst diese mit der Ösenzange vorsichtig zusammen (siehe S. 11, Bild 5).

Alter

ab 6 Jahren
Auch als Gruppenarbeit möglich.

Mobiles

Material

Baumwollstoff in drei Farben,
50 x 50 cm
Rocailleperlen
2 Glasperlen (eine kleine und eine große)
Öse und Ösenzange, Lochzange
Stecknadeln, Nähnadel
Nylonschnur, Vlieseline S 520
Doppelseitiges Klebevlies
Zackenschere, Lineal, Bleistift
Transparentpapier

Vorlage 1

Weißt du schon, wo du diese bunten Mobiles aufhängen möchtest? Hier ein Geheimtipp: Besonders geeignet ist ein Platz über der Heizung, da sich die Spiralen dank der aufsteigenden warmen Luft zu drehen beginnen.

1. Für ein Spiralmobile brauchst du zwei Stoffstücke in unterschiedlichen Farben, Klebevlies und Vlieseline S 520. Schneide dir aus allen Materialien ein Quadrat von 50 x 50 cm zu.

2. Auf den einen Baumwollstoff bügelst du die Vlieseline S 520 auf, auf den anderen das Klebevlies. Dabei darauf achten, dass die Klebeschicht nach unten und die Papierseite nach oben zeigen. Nach dem Aufbügeln kannst du die Papierseite vom Klebevlies abziehen.

3. Als Nächstes legst du beide Stoffe aufeinander – die Vliesseiten zeigen zueinander – und bügelst die Lagen zusammen. Dank der Bügeleinlagen ist dein Stoffquadrat jetzt zweifarbig und sehr stabil.

4. Auf die Vorlage legst du einen großen Bogen Transparentpapier und paust mit Bleistift die Linien ab. Anschließend legst du den Papierschnitt auf den Stoff und steckst ihn mit Stecknadeln gut fest. Mit der Zackenschere schneidest du entlang der Schnittlinien eine Spirale.

5. Nachdem du die Stecknadeln wieder entfernt hast, stanzt du in die Spiralenmitte mit der Lochzange ein Loch und bringst eine Öse an (siehe S. 11, Bild 5). Als Variation kannst du die Spirale auch umgekehrt aufhängen. Dafür befestigst du eine Öse am äußeren Spiralende.

6. Für die Aufhängung fädelst du durch die kleine Glasperle ein langes Stück Nylonschnur, verknotest diese und ziehst die Schlaufe von unten durch die Öse.

7. Damit die Spirale sich gut aushängt, wird unten ein Gewicht in Form einer großen Glasperle befestigt. Fädele hierfür erst ein paar Rocailleperlen, dann die große Glasperle auf ein kurzes Stück Nylonschnur und verknote diese.

8. Das andere Fadenende führst du durch das Nähnadelöhr und ziehst es durch das Spiralende. Fädele eine weitere Rocailleperle auf und verknote das Fadenende um diese letzte Perle.

Alter

ab 6 Jahren

Tipp

Aus der Stoffspirale kannst du dir auch einen lustigen Hut nähen: Lege die Spirale einfach ringförmig übereinander und nähe sie mit Nadel und Faden und einem Steppstich zu einer kleinen Tüte zusammen. Wie der Steppstich funktioniert, erfährst du im nächsten Kapitel auf S. 28.

Material, Techniken: Nähen mit der Hand

1

1. Werkzeug

Jede Nähnadel hat ein Nadelöhr – eine kleine Öse, durch die der Faden gefädelt wird. Die Größe des Öhrs variiert, das Garn sollte stets bequem hindurchpassen. Nach dem Einfädeln wird das lange Fadenende verknotet, damit es beim Nähen nicht durch den Stoff rutscht. Mit Stecknadeln heftest du Stoffe aufeinander. So können sie beim Zusammennähen nicht mehr verrutschen. Schere, Lineal, Maßband, Knöpfe und leicht zu entfernende Schneiderkreide sind ebenfalls praktische Hilfsmittel.

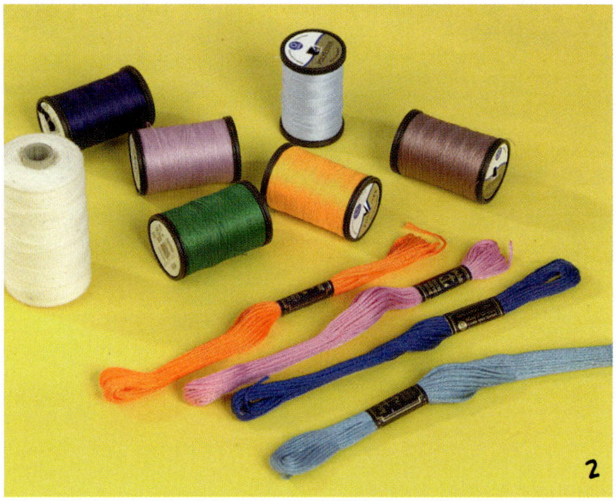

2

2. Garne

Nähgarn ist dünn und stabil und besteht aus Baumwolle oder Polyester. Unter Sticktwist versteht man einen dicken Faden, der wiederum aus mehreren dünnen Fäden besteht. Mit ihm kannst du schöne Ziernähte gestalten. Reihgarn ist ein Baumwollgarn, mit dem schwierige Nähte provisorisch gearbeitet werden. Das Reihgarn wird nach dem „richtigen" Nähen entfernt.

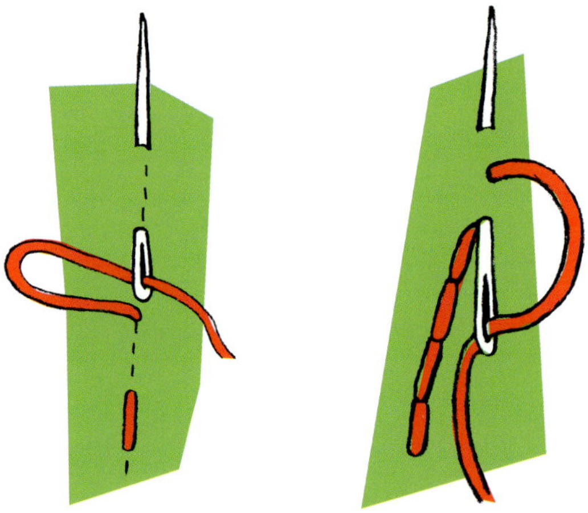

3

3. Reihstich, Steppstich

Beim Reihstich stichst du von oben nach unten und von unten nach oben. Er dient dazu, Stoffe zusammenzuheften, bevor sie endgültig vernäht werden. Die Stiche sollten ca. 1 cm lang sein. Beim Steppstich stichst du von oben nach unten, nach 2 cm wieder von unten nach oben. Jetzt führst du die Nadel 1 cm zurück und stichst von oben nach unten. Für eine fast unsichtbare obere Naht stichst du von oben nach unten, nach 2 cm wieder von unten nach oben. Dann führst du die Nadel nur 2 mm zurück und stichst von oben nach unten.

4. Blindstich

Der Blindstich ist ein unsichtbarer Stich. Die Stoffkanten werden 1 cm umgebügelt. Die umgebügelten Kanten legst du aufeinander. Dann stichst du einmal durch den Einschlag der unteren Kante, anschließend durch den Einschlag der oberen Kante und führst die Nadel etwa 1 cm durch den Stoff. Dann stichst du auf gleicher Höhe mit der Nadel durch den unteren Einschlag und führst die Nadel etwa 1 cm durch den Stoff.

4

5. Knopflochstich

Im Abstand von 0,5 cm bis 1,5 cm zum Stoffrand stichst du mit der Nähnadel von unten nach oben durch den Stoff. Dann ziehst du den Faden durch den Stoff, bis sich eine kleine Schlaufe auf der Rückseite des Stoffes bildet. Jetzt führst du die Nadel von hinten nach vorne durch die Schlaufe und ziehst den Faden an.

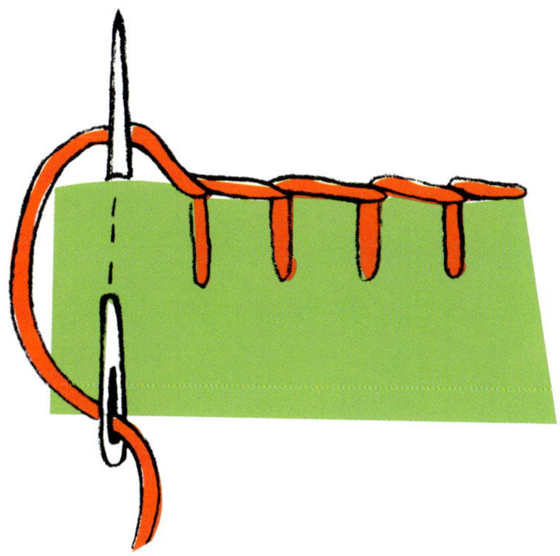

5

Vernähen

Zum Schluss ziehst du den Faden auf die linke Stoffseite und vernähst ihn kreuz und quer.

6. Kreuzstich

Markiere dir mit Schneiderkreide zwei parallele Linien im Abstand von 2 cm und markiere alle 2 cm einen Punkt auf den Linien. Am ersten Punkt stichst du mit der Nadel von unten nach oben. Dann stichst du die Nadel von oben nach unten durch die nächste schräg gegenüberliegende Markierung und arbeitest so bis zum Ende der Reihe. Jetzt stichst du direkt in die gegenüberliegende Markierung und nähst nach dem gleichen Prinzip bis zum Anfang der Naht zurück.

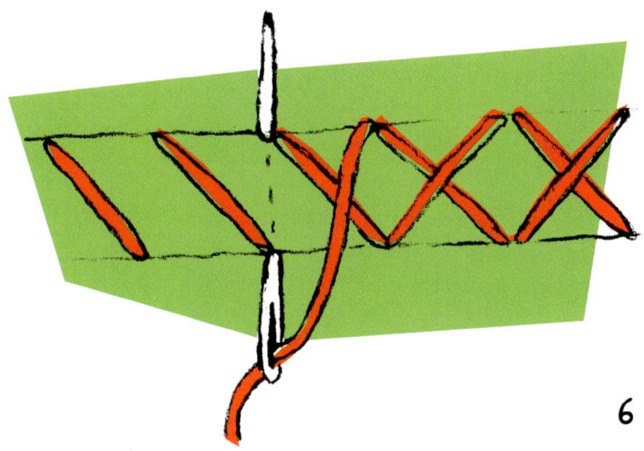

6

Kuschelschal

Material

Fleecestoff in zwei Farben, 220 x 30 cm
Bunte Stoffreste, Kreisschablone, Schneiderkreide
Stecknadeln, Nähnadel
Sticktwist in zwei Farben
Doppelseitiges Klebevlies
Schere, Lineal, Bleistift
Transparentpapier
Bügeleisen, Baumwolltuch

Vorlage 2

Der Winter kann kommen! Mit diesem kuscheligen Fransenschal wird auch die bitterste Kälte dich nicht mehr schrecken. Das Tolle an dem weichen Stoff ist, dass er nicht ausfranst und deswegen einfach zu verarbeiten ist.

1. Für den Schal brauchst du ein Rechteck aus Fleecestoff von 30 x 160 cm und 4 Rechtecke von 30 x 15 cm, zwei in jeder Farbe. Zeichne dir die Rechtecke mit dem Lineal auf den Stoff und schneide sie aus. Die kleinen Rechtecke sind für die Fransen gedacht.

2. Dann überträgst du die Vorlagen für Fisch, Auge und Flosse mit Bleistift auf Transparentpapier und schneidest die Konturen aus.

3. Die bunten Stoffe bebügelst du mit Klebevlies (siehe S. 10, Bild 2), legst Papierfisch samt Flosse auf und schneidest die Formen zweimal zu.

4. Die langen Seiten des Schals umstickst du mit einem Knopflochstich (siehe S. 29, Bild 5) mit buntem Sticktwist.

5. Mit Stecknadeln steckst du die kleinen Rechtecke von beiden Seiten an das obere und untere Schalende. Sie müssen deckungsgleich mit ihm abschließen. An beiden Schalenden liegen jetzt drei Stofflagen übereinander.

6. An den inneren Kanten nähst du alle drei Stofflagen mit einem großen Kreuzstich fest (siehe S. 29, Bild 6). Danach zeichnest du mit Schneiderkreide alle 1,5 cm parallele Linien für die Fransen auf und schneidest alle drei Lagen ein. Achtung! Die Schnitte dürfen nur bis ca. 1,5 cm unterhalb der Stoffkante durchgeführt werden.

7. Als Nächstes entfernst du die Papierseite des Klebevlieses auf den Fischen und nähst auf der Vorderseite die

Flossen mit einem bunten Reihstich fest (siehe S. 28, Bild 3).

8. Dann ordnest du die Fische auf dem Schal an, deckst sie mit einem Baumwolltuch ab und bügelst sie

fest. Die Konturen der Fische nähst du ebenfalls mit einem Reihstich fest. Die Flossenränder werden anschließend ausgefranst.

9. Für die Luftblasen schneidest du dir aus bereits mit Klebevlies bebügelten Stoffen unterschiedlich große Kreise aus und bügelst kleinere auf größere Kreise.

10. Dann ordnest du alle Kreise auf dem Schal an, bedeckst sie mit dem Baumwolltuch und bügelst sie fest. Abschließend setzt du über jeden Kreis einen Kreuzstich. Das sieht schön aus und hält auch besser.

Alter

ab 8 Jahren

Plüschkissen

Material

Langhaarplüsch, 40 x 80 cm
Kurzhaarplüsch, 22 x 22 cm
Motivapplikationen
Zauberwatte oder Kissenfüllung
Stecknadeln
Nähnadel
Nähgarn
Schere
Bastelkleber
Lineal
Bleistift

Für Kuschelkids und Wohlfühlmäuse! Die Kissen kannst du ganz einfach selber von Hand nähen. Beklebe sie anschließend mit Motiven, die du gerne magst – und schon hast du ein Unikat.

1. Als Erstes zeichnest du auf die Rückseite des Langhaarplüschs ein Rechteck von 40 x 80 cm, auf die Rückseite des Kurzhaarplüschs ein Quadrat von 22 x 22 cm und schneidest sie aus.

2. Den Langhaarplüsch faltest du mittig zusammen. Die Stoffhaare zeigen nach außen. Dann platzierst du das Quadrat aus Kurzhaarplüsch auf dem gefalteten Langhaarplüsch. Achte darauf, dass es zu allen Seiten den gleichen Abstand hat und mittig aufliegt.

3. Das Quadrat befestigst du mit Stecknadeln auf der oberen Schicht des Langhaarplüschs und nähst es mit Steppstich fest (siehe S. 28, Bild 3). Achtung! In diesem Falle stichst du nicht die ganze Stichlänge zurück, sondern führst die Nadel nur etwa 2 mm zurück. So wird der Stich fast unsichtbar.

4. Als Nächstes faltest du das große Rechteck wieder parallel zur kurzen Seite mittig zusammen. Diesmal zeigt die Rückseite, also die glatte Seite ohne Plüschhaare, nach oben.

5. Die rechte und linke offene Kante nähst du mit einem Steppstich zu und wendest dann die Kissenhülle.

6. Das Kissen schiebst du in die Hülle ein. Ebenso kannst du zum Ausstopfen Zauberwatte verwenden.

7. Die noch offene Naht schließt du mit Stecknadeln und nähst sie mit einem Steppstich knappkantig zu.

8. Zum Schluss ordnest du die Motivapplikationen auf dem Kurzhaarplüsch-Quadrat an und klebst sie mit Bastelkleber, so wie es dir gefällt, auf.

Alter

ab 8 Jahren

Freche Shirts

Material

T-Shirt
Bunte Stoffreste
Stecknadeln
Nähnadel
Nähgarn
Doppelseitiges Klebevlies
Schere
Bleistift
Papier
Bügeleisen
Baumwolltuch

Findest du normale T-Shirts auch zu langweilig? Dann zeig den anderen, was in dir steckt, und schreibe es mit großen Stoffbuchstaben auf deinen Bauch oder Rücken. Am besten beschriftest du gleich mehrere T-Shirts unterschiedlich. So kannst du jeden Tag ein anderes Exemplar tragen – je nachdem welcher Spruch zu deiner Laune gerade passt.

1. Schreibe den von dir gewählten Spruch auf. Anschließend malst du alle notwendigen Buchstaben in der entsprechenden Größe sorgfältig auf ein Papier.

2. Danach schneidest du die Umrisse der Buchstaben aus – und erhältst auf diese Weise alle Papierschnitte, die du brauchst.

3. Als Nächstes bügelst du auf die Rückseite aller Stoffe Klebevlies auf. Die Klebeseite zeigt dabei nach unten, die Papierseite nach oben (siehe S. 10, Bild 2). Stoffe, die nicht aus Baumwolle oder Leinen sind, deckst du bei diesem Vorgang mit einem Baumwolltuch ab.

4. Jetzt legst du die Papierbuchstaben seitenverkehrt auf die Papierseite des Klebevlieses und umfährst mit einem Bleistift die Konturen. Buchstaben, die du mehrmals benötigst, zeichnest du am besten nacheinander auf. Dann schneidest du die Stoffbuchstaben sorgfältig aus.

5. Die Papierseite ziehst du vom Klebevlies ab und legst die Buchstaben mit der Klebeseite nach unten auf kleine andersfarbige Stoffstücke. Danach werden die einzelnen Buchstaben aufgebügelt.

6. Anschließend schneidest du die Stoffe zu kleinen Rechtecken zu und breitest sie in der richtigen Reihenfolge auf dem T-Shirt aus.

7. Die Stoffstücke werden mit Stecknadeln auf der Vorderseite bzw. Rückseite des T-Shirts festgesteckt und einer nach dem anderen mit einem Steppstich aufgenäht (siehe S. 28, Bild 3) .

Alter

ab 8 Jahren

Tipp

Wer keine Lust hat, die Buchstabenrechtecke von Hand aufzunähen, bügelt die einzelnen Buchstaben auf einen Stoff, der seinerseits bereits mit Klebevlies versehen ist. Danach wird die Papierschicht des Klebevlieses auf den Stoffrechtecken entfernt, um sie auf die T-Shirts aufbügeln zu können.
Bei T-Shirts, die auf diese Weise verziert werden, solltest du die Buchstaben nach dem Waschen sicherheitshalber immer mal wieder festbügeln. Einzelne Buchstaben kannst du auch direkt auf dein T-Shirt bügeln, also ohne sie vorher mit einem Rechteck zu unterlegen.

COOLE
ZICKE
auf
ZACK

Geldbeutel

Material

Filz in zwei Farben
Reißverschluss, 12 cm lang
Stecknadeln
Nähnadel
Sticktwist
Doppelseitiges Klebevlies
Schere, Zackenschere
Nagelschere
Lineal, Bleistift
Transparentpapier

Vorlage 3

Wohin bloß mit dem ganzen Taschengeld? Wäre ja schade, wenn es verloren ginge, bevor du es verwenden konntest ... In diesem Geldbeutel lässt sich alles sicher verstauen. Und dank des eingenähten Reißverschlusses kann auch nichts mehr herausfallen.

1. Auf dem Vorlagenbogen findest du die Zeichnung für den Geldbeutel. Lege einen Bogen Transparentpapier auf, pause den Schnitt ab und schneide die Konturen aus. Das Rechteck für den Reißverschluss ebenso wie das Lochmuster werden mit der Nagelschere ausgeschnitten.

2. Mit Hilfe der kreisförmigen Papierschablone schneidest du drei Filzkreise zu: zwei Kreise in einer (Kreis 1 und 2), einen Kreis in einer anderen Filzfarbe (Kreis 3). Für die Kreise 1 und 2 verwendest du die Zackenschere, für Kreis 3 die normale Schere.

3. Anschließend schneidest du einen gleich großen Kreis aus Klebevlies zu. Diesen bügelst du auf Kreis 1. Dabei zeigt die Klebeseite nach unten, die Papierseite nach oben (siehe S. 10, Bild 2).

4. Jetzt schneidest du das eingezeichnete Rechteck für den Reißverschluss ebenso wie das Lochmuster aus dem mit Klebevlies versehenen Kreis 1 aus. Das Rechteck für den Reißverschluss wird auch aus Kreis 3 ausgeschnitten.

5. Ziehe als Nächstes die Papierseite des Klebevlieses von Kreis 1 ab und bügele diesen auf Kreis 3. Das ist die Vorderseite deines Geldbeutels – durch das Lochmuster schaut der andersfarbige Filz hindurch und es entstehen hübsche Blümchen.

6. Nun geht es an den Reißverschluss! Diesen legst du genau unter das ausgeschnittene Rechteck und nähst ihn von Hand mit einem Steppstich ein (siehe S. 28, Bild 3).

7. Als Rückseite deines Geldbeutels legst du Kreis 2 unter die Vorderseite und steckst alles mit Nadeln zusammen. Vorder- und Rückseite lassen sich mit einem Steppstich fest zusammennähen. Achte dabei darauf, die Nadel knapp versetzt, aber stets parallel zur Kreiskontur einzustechen. Wenn du hierfür andersfarbiges Sticktwist verwendest, sieht der Steppstich sehr schön aus.

Alter

ab 8 Jahren

Tipp

Um dir das Einnähen des Reißverschlusses zu erleichtern, kannst du diesen zuerst einmal mit wenigen Tropfen Textilkleber hinter das ausgeschnittene Rechteck kleben. So verrutscht der Reißverschluss nach dem Trocknen nicht mehr – und du kannst ihn einfacher einnähen.

Hausschuhe

Material

Filz in drei Farben, 3 mm dick
12 Druckknöpfe, Lochzange
Nähnadel, Sticktwist, Schere
Textilkleber, Lineal, Bleistift
Transparentpapier

Vorlage 4

Schuhe, die mitwachsen? Ja, das geht – hier zeigen wir dir ein Paar, das von Schuhgröße 35 bis 37 zusammen mit dir, und natürlich deinen Füßen, in die Länge wächst!

1. Auf dem Vorlagenbogen findest du die Schnittteile für diese Schuhe. Pause alle Vorlagen auf Transparentpapier ab und schneide die Papierschnitte aus.

2. Lege die Schnittteile auf den Filz, übertrage die Konturen ebenso wie alle kleinen Markierungen. Diese brauchst du, um die Teile richtig aneinander zu legen. Das kleine Rechteck (a) ist die untere, das große (b) ist die obere Schuhsohle. Das Schnittteil mit den schrägen Kanten (c) bildet den Schaft.

3. Schneide die Filzteile zu und streiche die untere Schuhsohle (a) auf der Oberseite komplett mit Textilkleber ein.

4. Jetzt platzierst du das Schnittteil für den Schaft (c) quer über die Sohle (a), dabei legst du den Filzstreifen genau an den Markierungen an.

5. Der Schuh liegt jetzt wie ein Kreuz vor dir. Bestreiche die Oberseite des Schaftstücks, das genau auf der Sohle (a) aufliegt, ebenfalls mit Textilkleber.

6. Als Nächstes legst du die obere Sohle (b) exakt auf die untere und drückst sie fest an. Den Textilkleber lässt du gut trocknen.

7. Nun solltest du prüfen, ob der Schaft passt. Dazu stellst du einen Fuß auf die Sohle und klappst den Schaft von beiden Seiten über deinen Fuß. Er muss Kante an Kante stoßen. Überlappt er, dann musst du die Kanten etwas zurückschneiden.

8. Um die Sohlen zusätzlich mit Sticktwist aufeinander nähen zu können, stanzt du den Markierungen entsprechend mit der Lochzange

kleinste Löcher im Abstand von 1 cm in die Sohle.

9. Zunächst wird eine Runde Reihstich durch die Löcher genäht (siehe S. 28, Bild 3), daraufhin wird eine zweite Runde Reihstich versetzt genäht, sodass eine geschlossene Linie

entsteht. Die Fadenenden werden gut verknotet.

10. Mit einem Kreuzstich (siehe S. 29, Bild 6) nähst du den Schaft zusammen.

11. An den markierten Stellen nähst du die Druckknöpfe fest. So kannst du die obere Sohle (b) als Lasche über den Schaft (c) knöpfen. Und jetzt kommt der Clou: Wächst dein Fuß, knöpfst du die Lasche in die nächste Reihe um.

Alter

ab 8 Jahren

Tipp

Wenn du magst, kannst du aus Filz ein R und ein L ausschneiden und auf deine Schuhe kleben. Dann weißt du immer, welcher Schuh zu welchem Fuß gehört.

Steckenpferd

Material

Zottelstoff in einer Farbe
Filz in einer Farbe
Rundholzstab
Samtband
2 Knöpfe
Zauberwatte
Stecknadeln, Nähnadel
Sticktwist, Nähgarn
Schere, Bastelkleber
Bleistift, Transparentpapier

Vorlage 5

Das weiße Schaf unter allen Steckenpferden! Aus „wilden" Plüschstoffen kannst du unterschiedlichste Tiere in dein Kinderzimmer einziehen lassen.

1. Auf dem Vorlagenbogen findest du die Schnittzeichnung. Lege ein Transparentpapier auf die Vorlage und pause alle Konturen mit Bleistift ab. Ist dein Transparentpapier zu klein, so kannst du mehrere Bogen auf die notwendige Größe zusammenkleben.

2. Die Schnittvorlage schneidest du aus und überträgst sie zweimal gegengleich auf den Zottelstoff. Das bedeutet, dass du das Schaf einmal rechts und einmal links herum aufzeichnen musst. Nur so passen die Gesichtshälften nachher richtig aufeinander.

3. Die Ohren werden zweimal auf Filz und zweimal auf Zottelstoff aufgezeichnet. Nun kannst du alle Formen sorgfältig ausschneiden.

4. Für die Ohren legst du den Filz jeweils auf die glatte Seite des Zottelstoffes. Beide Stofflagen steckst du mit Nadeln zusammen und nähst sie entlang der äußeren Kontur mit einem Reihstich aufeinander (siehe S. 28, Bild 3).

5. Jetzt kommt der Schafskopf an die Reihe: Hierfür legst du die Zuschnitte passgenau aufeinander, die glatten Stoffseiten zeigen nach außen. Stecke sie mit Nadeln zusammen.

6. Entlang der äußeren Gesichtskontur nähst du mit einem Steppstich beide Teile zusammen. Achtung! Die untere Halsöffnung bleibt offen.

7. Anschließend wendest du den Schafskopf und stopfst ihn rundum mit Zauberwatte aus.

8. Doch was wäre ein Schaf ohne Augen und Ohren? Letztere hast du ja bereits vorbereitet und brauchst sie nur noch seitlich an den Kopf zu nähen, zwei Knöpfe dienen als Augen. Dann klebst du ein kleines Filzschnäuzchen mit Bastelkleber auf. Die Vorlage findest du ebenfalls auf dem Vorlagenbogen.

9. Zum Schluss steckst du den Holzstock in die offen gebliebene Halsöffnung. Um diese zu schließen, fertigst du eine Rosette aus Samtband an: Das Band schlingst du mehrmals um die flache Hand, so als wolltest du es aufwickeln. Dann schiebst du die entstandenen Bandschlaufen vorsichtig von der Hand auf den Tisch. Anschließend knotest du ein zweites, etwa 20 cm langes Stück Samtband mittig um die abgelegten Bandschlaufen. Fächere die Rosette auf und binde die Bandenden ganz fest um den Hals des Schafes herum. Mäh!

Alter
ab 8 Jahren

Obst und Gemüse

Material

Bunter Filz
Kleine Knöpfe
Zauberwatte
Filzstifte
Stecknadeln
Nähnadel
Sticktwist
Schere
Bleistift
Transparentpapier

Vorlage 6

Diese leckeren Früchtchen könnt ihr zwar nicht essen, dafür aber mit ihnen spielen. Sogar erste Rechenaufgaben lassen sich nachstellen, wenn es in der Schule mal wieder heißt „1 Apfel + 1 Apfel = ?".

1. Als Erstes legt ihr Transparentpapier auf alle Schnittvorlagen, paust die Formen mit Bleistift ab und schneidet sie aus.

2. Legt die Papiervorlagen auf die Filzplatten in den entsprechenden Farben und übertragt die Konturen mit Bleistift.

3. Pro Frucht schneidet ihr zwei Formen aus – eine als Vorderseite, eine als Rückseite. Apfelstiele und Blattgrün benötigt ihr hingegen nur einmal. Das Blattgrün für die Karotte wird wie in der Vorlage eingezeichnet mit der Schere eingeschnitten und dann zusammengerollt.

4. Jetzt legt ihr jeweils zwei Filzzuschnitte passgenau übereinander, die Blättchen platziert ihr an der oberen Kante. Apfelstiele und das Blattgrün der Karotten steckt ihr zwischen die zwei Filzlagen. Alle Teile werden mit Stecknadeln fixiert.

5. Fädelt Sticktwist in passenden Farben durch die Nähnadel und näht Früchte und Gemüse mit einem Steppstich rundherum bis auf ca. 8 cm zusammen (siehe S. 28, Bild 3).

6. Dann stopft ihr eure Werke mit etwas Zauberwatte aus und schließt den Rest der Naht. Die Fadenenden werden auf der Rückseite sorgfältig verknotet.

7. Zum Schluss könnt ihr Obst und Gemüse noch ein wenig mit Filzstift anmalen, damit sie naturgetreuer aussehen. Die Tomaten werden zusätzlich mit einem Knopf geschmückt.

Alter

Gruppenarbeit ab 6 Jahren

Knopf mit Stiel

Mit der Nadel stichst du von unten nach oben durch den Stoff und das erste Knopfloch. Jetzt stichst du von oben nach unten in das schräg gegenüberliegende Loch. Dann stichst du von unten nach oben in das dritte und anschließend von oben nach unten in das letzte freie Knopfloch. Diesen Vorgang wiederholst du dreimal. Damit etwas Abstand zum Stoff bleibt, muss der Knopf locker angenäht werden. Anschließend wickelst du den Faden um die Fäden zwischen Knopf und Stoff, so entsteht der Stiel. Jetzt stichst du auf die Stoffunterseite und vernähst den Faden.

mein Obst

Buchumschlag

Material

Geschirrtuch
Bunte Baumwollstoffe
Plüschstoff, Stoffmalfarben
Borstenpinsel
Plastikschälchen
Malerkreppband, Zirkel
Malunterlage, Zauberwatte
Kordel, doppelseitiges Klebevlies
Sticktwist, Nähnadel
Zackenschere, Schere
Textilkleber, Lineal, Bleistift
Bügeleisen

Ist dein Mathebuch schon völlig abgegriffen und hat hässliche Eselsohren? Dann schnappe dir aus der Küche ein Geschirrtuch – und los geht's!

1. Als Erstes misst du die Größe deines Buches aus und schreibst die Maße auf. Achtung! Bei der Breite des Buches addierst du die Vorderseite, Buchrücken und Rückseite sowie zusätzliche 14 cm zusammen. Bei der Höhe rechnest du weitere 4 cm dazu.

2. Jetzt zeichnest du mit dem Lineal auf das Geschirrtuch ein Rechteck ab, das den errechneten Maßen entspricht, und schneidest es aus.

3. Das Rechteck legst du auf eine Malunterlage und klebst es an den Rändern mit Malerkreppband fest.

4. Anschließend malst du mit Stoffmalfarbe Streifen auf den Stoff. Damit diese schön gerade werden, klebst du mit Malerkreppband die Streifen ab und malst die Zwischenräume aus. Nach dem Trocknen werden die Klebestreifen entfernt. Das Ganze machst du einmal längs und einmal quer, so entstehen die Karos. Ist die Farbe trocken, bügelst du das Geschirrtuch, um die Farbe zu fixieren.

5. Als Nächstes bügelst du die Stoffkanten zweimal jeweils 1 cm um und nähst alles mit einem Reihstich fest (siehe S. 28, Bild 3).

6. Jetzt legst du das Tuch um das Buch und schlägst die überstehenden Seiten gleichmäßig um. Fixiere die Umschlagkanten mit Stecknadeln.

7. Die unteren und oberen Einschlagkanten werden mit einem Blindstich fast unsichtbar vernäht (siehe S. 29, Bild 4).

8. Die Baumwollstoffe bebügelst du mit Klebevlies, die Klebeseite zeigt zum Stoff, die Papierseite nach oben (siehe S. 10, Bild 2). Auf dieser ziehst du mit dem Zirkel ein paar Kreise und schneidest sie aus.

9. Entferne das Papier, ordne die Kreise auf dem Umschlag an und bügele sie fest. Schneide aus Plüsch ebenfalls ein paar Kreise zu und klebe diese mit Textilkleber auf die Baumwollkreise.

10. Für das Lesezeichen schneidest du zweimal eine Eins mit der Zackenschere zu. Lege sie übereinander und nähe sie mit einem Steppstich (siehe Seite 28, Bild 3) zusammen. An einer Seite lässt du ein ca. 6 cm langes Stück Naht offen, stopfst etwas Zauberwatte hinein und schließt die Naht. Beklebe die Zahl ebenfalls mit zwei Stoffkreisen.

11. Zum Schluss nähst du noch eine kleine Kordel auf die Rückseite der Zahl.

Alter

ab 6 Jahren

Material, Techniken: Nähen mit der Nähmaschine

1. Die Nähmaschine

Mit der Nähmaschine kannst du Stoffe oft schneller als von Hand zusammennähen. Sie hat ein paar technische Eigenheiten, die dir ein Erwachsener unbedingt erklären sollte. So besitzt sie z. B. ein Gaspedal, das du ähnlich wie im Auto mit dem Fuß betätigst. Der ausgeübte Druck bestimmt die Nähgeschwindigkeit. Das metallene Nähfüßchen kannst du mit einem Hebel nach unten bewegen. Dann drückt es den Stoff auf den Transporter, der wiederum den Stoff beim Nähen vorwärts schiebt.

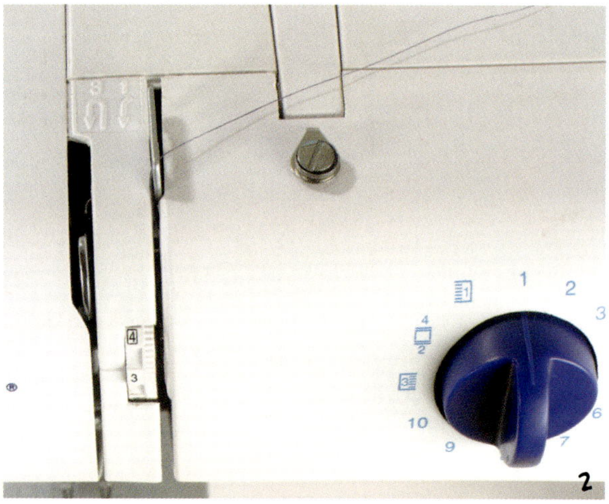

2. Der Oberfaden

Jede Nähmaschine näht gleichzeitig mit einem Ober- und einem Unterfaden. Der Oberfaden wird von oben eingefädelt. Normalerweise findest du auf jeder Nähmaschine eine Zeichnung, die zeigt, wie er genau einzufädeln ist. Denn auf seinem Weg von der Garnspule bis zur Nadel muss er durch verschiedene Ösen, Haken und Spalten geführt werden. Andernfalls verheddert sich beim Nähen schnell das Garn und die Nähnadel könnte abbrechen.

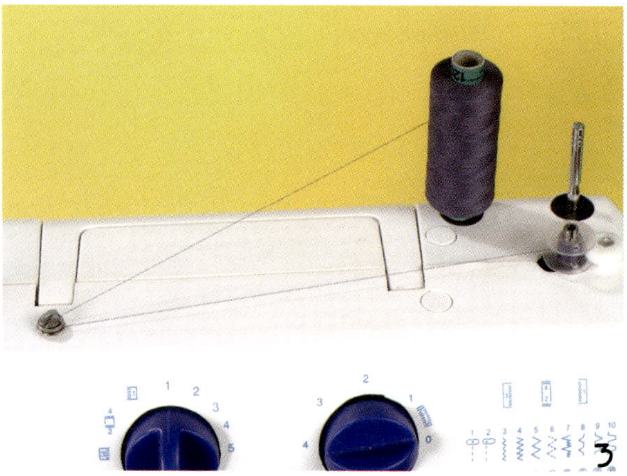

3. Aufspulen des Unterfadens

Bevor der Unterfaden eingelegt werden kann, musst du erst einmal Nähgarn von der gekauften Garnrolle auf eine Unterfadenspule mit Hilfe der Nähmaschine wickeln. Lass dir dies genau zeigen, wichtig ist auch hier, dass der Faden in der richtigen Richtung eingefädelt wird. Zumeist findest du hierzu ebenfalls eine Schemazeichnung auf der Nähmaschine. Übrigens betätigst du zum Aufspulen des Unterfadens bereits das Gaspedal!

4. Unterfaden, Fadenspannung

Der Unterfaden liegt im „Nähmaschinenbauch" versteckt. Meistens wird die zuvor aufgewickelte Unterfadenspule in eine Metallkapsel eingesetzt und in einer speziellen Halterung eingerastet. Bevor du mit dem Nähen beginnst, wird der Unterfaden durch eine Auf- und Abbewegung der Nähnadel nach oben geholt. Ganz wichtig ist die richtige Fadenspannung: Beim Nähen dürfen weder auf der Ober- noch auf der Unterseite Schlingen zu sehen sein. Wenn doch, bitte jemanden, die Fadenspannung neu einzustellen.

4

5. Maschinenstiche

Am besten testest du die verschiedenen Nähmaschinenstiche auf einem Probestoff. Steppen kann die Maschine ganz von allein, es handelt sich um einen Geradstich, dessen Länge du unterschiedlich einstellen kannst. Der Zickzackstich lässt sich als Ziernaht verwenden. Ebenso dient er dazu, das Ausfransen von Stoffkanten zu verhindern. Mit einem Rückstich sicherst du eine Naht.

5

6. Nahtzugabe, Verstürzen

Beim Zuschneiden gibt man meist eine Nahtzugabe von mindestens 1 cm hinzu. Für saubere Kanten gibt man oft 2 cm hinzu. Diese lässt sich zweimal, also 2 x 1 cm, einschlagen und umbügeln, bevor man sie steppt (Stoff rechts). Das Wenden von zwei Stofflagen durch eine offene Naht nennt man Verstürzen. Die Stoffe werden rechts auf rechts aufeinander gesteppt und die Ecken der Nahtzugaben abgeschnitten (Stoff links unten). Nach dem Wenden sind die Nähte unsichtbar (Stoff links oben).

6

Haarband

Material

Baumwollstoff in zwei Farben
Filz in einer Farbe
Schmale Borte
Ggf. Kreisschablone
Stecknadeln
Nähnadel
Nähgarn
Reihgarn
Nähmaschine
Zackenschere
Schere
Lineal, Bleistift
Transparentpapier
Bügeleisen

Vorlage 7

Du wirst sehen: Nachdem du dein erstes Haarband genäht hast, folgen die anderen ganz von allein. Denn Haarbänder kann man nie genug haben und durch die Stoffauswahl lassen sie sich immer passend zu deiner Kleidung gestalten. Fehlt nur noch die entsprechende Frisur ...

1. Zunächst legst du einen großen Bogen Transparentpapier auf die Vorlage. Dann paust du mit dem Bleistift alle Schnittteile ab und schneidest sie mit der Schere aus.

2. Anschließend legst du das lange Schnittteil zweimal auf den Stoff und umfährst die Kontur mit Bleistift. Dann schneidest du beide Bänder aus.

3. Die Blüte wird auf den Filz übertragen und ebenfalls ausgeschnitten.

4. Für die Blütenblätter zeichnest du mit Hilfe der Kreisschablone bzw. der Vorlagen sechs gleich große Kreise auf einen Stoff, einen etwas größeren Kreis auf einen anderen Stoff auf. Schneide alle Kreise mit einer Zackenschere aus.

5. Nun legst du die sechs Kreise auf die Filzblüte und deckst sie mittig mit dem andersfarbigen Kreis ab. Stecke alles mit einer Stecknadel zusammen.

6. Die beiden langen Bänder werden deckungsgleich aufeinander gelegt und mittig mit ein paar Stecknadeln zusammengesteckt.

7. Lege die Stoffe unter die Nähmaschine und steppe 1 cm neben dem Stoffrand die Bänder ringsum zusammen. Achtung! 15 cm der Naht bleiben dabei offen.

8. Schneide die Enden an den Stoffspitzen der Nahtzugabe knappkantig zurück und wende das Band durch die offen gelassene Stelle.

9. Jetzt wird das Haarband gebügelt, damit sich die Ränder schön flach auslegen. Die Nahtzugabe der offenen Naht wird dabei nach innen gelegt.

10. Danach heftest du die kleine Borte mit Reihgarn von Hand an das Haarband (siehe S. 28, Bild 3). Dann legst du das Band erneut unter die Nähmaschine und steppst die Borte fest.

11. Als Nächstes heftest du die Blüte auf das Band. Dann steppst du diese innerhalb des mittleren Kreises unter der Nähmaschine fest. Den Reihfaden entfernen und fertig ist dein Haarband! Damit es hält, musst du nur noch die Enden verknoten.

Alter

ab 8 Jahren

Wilde Pferde

Material

Bunte Baumwollstoffe
Bunte Baumwollgarne
Zauberwatte, Knöpfe, Holzperlen
Stecknadeln, Nähnadel, Nähgarn
Reihgarn, Nähmaschine, Schere
Klebefilm, Lineal, Bleistift
Transparentpapier
Ggf. Bügeleisen
Ggf. Kuscheldecke
Ggf. Klebevlies

Vorlage 8

Freilaufendes Pferdchen oder kuschelige Pferdedecke? Du hast die Wahl!

1. Die Vorlage überträgst du auf Transparentpapier und dann zweimal gegengleich auf die Rückseite des Stoffes, d. h. das Pferd schaut einmal nach rechts und einmal nach links. Dann schneidest du die Umrisse aus.

2. Für die Mähne wickelst du über eine Länge von ca. 10 cm bunte Baumwollgarne um ein flaches Lineal. An einer Seite fixierst du die Schlingen mit Klebstreifen und schiebst sie vorsichtig auf den Tisch.

3. Für den Schweif wickelst du mehrere Schlingen Baumwollgarn um die flache Hand. Dann schiebst du die Schlingen von der Hand auf den Tisch, knotest einen ca. 20 cm langen Faden mittig um die Garne und schneidest die Schlingen auf. Mit einem zweiten Faden umwickelst du unterhalb des oberen Knotens von außen alle Fäden und sicherst sie wiederum mit einem Knoten. Ein paar Perlen fädelst du noch auf den langen oberen Faden.

4. Nun platzierst du einen Pferdezuschnitt mit der gemusterten Seite nach oben auf dem Tisch und legst die Mähne an die obere Halskante. Die langen Haare zeigen zum Pferdebauch.
Den Schweif legst du ebenfalls an. Das dicke Ende liegt auf dem Stoff, der dünne obere Faden an der Pokante.

5. Jetzt legst du den zweiten Pferdezuschnitt darüber, die gemusterte Stoffseite zeigt nach unten. Mit Stecknadeln heftest du alles zusammen und fasst Schweif und Mähne mit ein.

6. Dann heftest du das Pferd mit einem Reihstich (siehe S. 28, Bild 3), entfernst die Nadeln und steppst die Kontur des Pferdes bei 1 cm Nahtzugabe mit der Maschine zusammen. Der Pferdebauch bleibt offen. Anschließend entfernst du den Reihfaden und wendest die Figur durch die offene Bauchnaht.

7. Mit Zauberwatte stopfst du das Pferd aus. Als Nächstes legst du die offene Bauchnaht übereinander und steppst sie knappkantig zu.

8. Für die Satteldecke schneidest du ein Rechteck im Format 14 x 5,5 cm zu, franst die Ränder aus und umnähst sie mit einem Zickzackstich. Dann nähst du die Decke von Hand mit ein paar Stichen an. Als Augen dienen kleine Knöpfe.

Alter

ab 8 Jahren

Tipp Kuscheldecke

Dieses Pferd wird einfach aufgebügelt (siehe S. 10, Bild 2). Anschließend wird die Kontur mit einem Zickzackstich festgesteppt. Dementsprechend benötigst du den Pferdezuschnitt nur einmal. Beim Aufbügeln bzw. Nähen werden Mähne, Schweif und Satteldecke mitgefasst.

Tobekissen

Material

Schwimmreifen, Ø 100 cm
Nickistoff, 200 x 140 cm
Langhaarplüsch, Klettband
35 cm lang, Kordel, Zirkel
Stecknadeln, Nähnadel
Nähgarn, Nähmaschine, Schere
Maßband, Bleistift

Auch wenn der Sommer vorbei ist, hat dein riesiger Schwimmreifen noch lange nicht ausgesorgt. Denn selbst das coolste Tobekissen hat einen weichen Kern ...

1. Als Allererstes misst du den Durchmesser deines Schwimmreifens aus und teilst die Zahl durch zwei. So erhältst du den Kreisradius. Dieser ist wichtig für den richtigen Stoffzuschnitt.

2. Nun breitest du den Nickistoff aus. Um die richtige Kreisgröße zuschneiden zu können, gibt es einen praktischen Trick: Du nimmst ein Stück Kordel und knotest an ein Ende einen Bleistift. Dann misst du den in Schritt 1 ermittelten Radius vom Bleistift aus an der Kordel ab. Diesen Punkt markierst du und steckst eine Stecknadel hindurch.

3. Als Nächstes stichst du die Stecknadel in die Mitte des Nickistoffs. Jetzt kannst du bei gespannter Kordel bequem einen Kreis um den Mittelpunkt mit Bleistift ziehen.

4. Diesen Kreis schneidest du mit einer Nahtzugabe von 2 cm aus. Wiederhole das Ganze noch einmal für einen zweiten Kreis.

5. Beide Kreiszuschnitte legst du deckungsgleich aufeinander, die linken Stoffseiten zeigen nach außen. Mit Stecknadeln heftest du die Zuschnitte zu einer Kissenhülle zusammen.

6. Anschließend legst du die Kissenhülle unter die Nähmaschine und steppst die beiden Stofflagen bis auf 35 cm zusammen. Genäht wird mit einem Abstand von 2 cm zum Kreisrand. Achtung! Du darfst nicht auf den Stecknadeln nähen. Wenn du dich einer Stecknadel näherst, ziehe sie vorher heraus!

7. Jetzt steppst du an die obere und untere Nahtzugabe der offenen Stelle das Klettband. Klettband besteht aus zwei unterschiedlichen Seiten – einem Hakenband und einem Flauschband – und eignet sich wunderbar als Verschluss. Sicherlich kennst du Klettband von praktischen Schuhen oder Taschen.

8. Die Kissenhülle wendest du durch die offene Naht. Nun zeigt die rechte, also die schöne Stoffseite nach oben.

9. Mit einem Zirkel ziehst du 8 Kreise mit einem Radius von 10 cm auf die Rückseite des Langhaarplüschs. Schneide die Kreise aus und nähe sie von Hand auf den Stoff.

10. Als Nächstes steckst du den unaufgeblasenen Schwimmreifen in die Kissenhülle. Achte darauf, dass sich das Ventil in der Nähe der Öffnung befindet.

11. Danach brauchst du ganz viel Puste, um den Schwimmreifen schön prall aufzublasen. Verschließe das Ventil und dann den Klettverschluss.

Alter

ab 8 Jahren

Rennwagen

Material

Bunter Filz
Bunte Baumwollstoffe
Zauberwatte
Rundholzstäbe
Stecknadeln
Nähgarn
Nähmaschine
Doppelseitiges Klebevlies
Schere, Bleistift
Transparentpapier
Bügeleisen

Vorlage 9

Vielleicht hat ja einer von euch bald Geburtstag – Grund genug für einen Eierlauf unter Freunden, ein Wettrennen auf Stelzen oder einen Slalomlauf mit dem Ball. Autos auf Stöcken wären dann die besten Hindernisse, oder etwa nicht?

1. Mit Transparentpapier und Bleistift paust ihr erst einmal alle Vorlagen ab und schneidet sie anschließend aus.

2. Dann bebügelt ihr die Baumwollstoffe von der Rückseite mit Klebevlies. Dabei zeigt die Klebeseite zum Stoff, die Papierseite nach oben (siehe S. 10, Bild 2).

3. Platziert die Papierschnitte für die Autoumrisse auf Filzplatten und zeichnet die Konturen nach. Die restlichen Papierschnitte wie beispielsweise für Fenster, Zahlen, Scheinwerfer oder Räder übertragt ihr auf die Papierseite der vorher mit Klebevlies bebügelten Baumwollstoffe. Dann schneidet ihr alle Teile sorgfältig aus.

4. Anschließend zieht ihr die Papierseite vom Klebevlies ab, platziert die Zuschnitte mit der Klebeseite nach unten auf den Autos und bügelt sie auf.

5. Mit der Nähmaschine steppt ihr alles noch einmal knappkantig fest.

6. Dann legt ihr Vorder- und Rückseite der Autos deckungsgleich übereinander und heftet sie mit Stecknadeln zusammen.

7. Jetzt legt ihr die Autos unter die Nähmaschine und steppt die Konturen mit einem Zickzackstich zusammen. Dabei näht ihr etwa 1,5 cm vom Stoffrand entfernt.

8. Die Kante zwischen den Autorädern lasst ihr erst einmal offen, um die Form mit Zauberwatte ausstopfen zu können. Anschließend steppt ihr auch diese Stelle zu. Achtung! Etwa 2 cm müssen dennoch offen bleiben, da hier der Rundholzstab hineingesteckt wird.

9. Wenn ihr mögt, könnt ihr die äußere Stoffkante noch bis zur Naht zurückschneiden.

Alter

Gruppenarbeit ab 8 Jahren

Plüschrakete

Material

Langhaarplüsch, 80 x 140 cm
Noppenfolienstoff, 60 x 140 cm
Schrägband in Silber, 2 m lang
Zirkel, Styroporplatte, 4 cm stark, 3 Toilettenpapierrollen
Tonkarton, 140 x 70 cm
Stecknadeln, Nähnadel
Nähgarn, Reihgarn
Nähmaschine, Bügeleinlage
Messer, Schere, Bastelkleber
Maßband, Lineal, Bleistift
Transparentpapier
Bügeleisen, Baumwolltuch

Vorlage 10

Mit dieser Rakete kannst du einfach abheben!

1. Die Vorlage paust du mit Hilfe von Transparentpapier und Bleistift ab. Die Umrisse schneidest du mit der Schere aus.

2. Dann legst du den Papierschnitt für den Raketenkörper auf die Rückseite des Langhaarplüschs und zeichnest die Konturen nach. Raketenspitze und Flügel werden auf den Folienstoff gelegt. Die Flügel musst du viermal aufzeichnen, davon zwei Teile gegengleich. Schneide alle Stoffe aus. Denke auch an die Einschnitte im Plüsch für die Flügel.

3. Die Schnittvorlagen der Flügel und Raketenspitze überträgst du ein weiteres Mal auf die Bügeleinlage, schneidest sie aus und legst sie deckungsgleich auf die Stoffteile. Die Klebeseite zeigt dabei nach unten. Bügele sie auf den Stoff.

4. Jetzt heftest du das silberne Schrägband von Hand um die Fenster und steppst es mit der Maschine fest. Entferne anschließend den Reihfaden.

5. Die Flügelteile steckst du rechts auf rechts mit Nadeln zusammen, die linken Stoffseiten zeigen jeweils nach außen. Dann steppst du sie bei 1 cm Nahtzugabe an zwei Seiten mit der Maschine zu. Dann wendest du die Flügel durch die offene Seite.

6. Stecke die Flügel durch die seitlichen Schlitze der Rakete. Dann steppst du diese Naht von links ab, sodass alle Teile mitgefasst sind.

7. Die Naht der Rakete nähst du rechts auf rechts mit 1 cm Nahtzugabe zusammen und schließt die Naht der Raketenspitze. Auch hier liegt der Stoff rechts auf rechts.

8. Jetzt steckst du die Spitze mit der Nase nach unten in die Rakete, bis die Stoffränder aufeinander liegen. Hefte diese Naht zusammen und steppe sie dann mit der Nähmaschine nach. Danach wird das Ganze gewendet.

9. Aus der Styroporplatte werden zwei Kreise mit einem Radius von 11,2 cm ausgeschnitten, die Ränder mit Bastelleim eingestrichen. Um diese Kreise wickelst du den Tonkarton zweimal. Die Styroporplatten liegen am Anfang und Ende der so entstandenen Papierrolle. Diese Rolle wird zur Stabilität in die Rakete geschoben.

10. Jetzt klebst du Folienstoff über die Toilettenpapierrollen und nähst sie am Stoffkreis für den Raketenboden fest. Den Raketenboden klebst du auf die untere Styroporscheibe.

11. Deine Fotos kannst du zum Schluss von vorne durch die Raketenfenster unter den Stoff schieben.

Alter

ab 10 Jahren

Schlüsselband

Material

Filz in zwei Farben
Stoffmalstifte
Schnappverschluss
Schlüsselring
Nähnadel
Nähgarn
Nähmaschine
Doppelseitiges Klebevlies
Schere
Lineal, Bleistift
Bügeleisen
Baumwolltuch

An alle coolen Schlüsselkinder: Diese bunten Bänder kannst du ohne großen Aufwand für dich selbst oder als Geschenk für liebe Freunde nähen.

1. Zuerst zeichnest du mit Lineal und Bleistift einen langen Streifen auf die Rückseite des Klebevlieses. Der Streifen sollte mindestens 90 cm lang und 4 cm breit sein. Anschließend schneidest du aus Filz zwei ebenso große Streifen in unterschiedlichen Farben zu.

2. Das Klebevlies bügelst du auf einen Filzstreifen – die Klebeschicht zeigt nach unten, die Papierseite nach oben (siehe S. 10, Bild 2). Dann entfernst du die Papierseite, legst den Streifen auf den andersfarbigen Zuschnitt und bügelst ihn fest.

3. Im Abstand von 2,5 cm zeichnest du zwei Linien auf den gedoppelten Streifen und schneidest das Band exakt aus.

4. Als Nächstes legst du das Band unter die Nähmaschine und steppst es, rechts und links 0,5 cm zur Bandkante versetzt, ab.

5. Jetzt kannst du das Band mit bunten Stoffmalstiften und kleinen Mustern bemalen. Nachdem diese getrocknet sind, lassen sich die Farben durch Bügeln fixieren. Hierfür deckst du das Band vorsichtshalber mit einem Baumwolltuch ab.

6. Als Nächstes schneidest du ein 10 cm langes Stück von dem Band ab. Ein Ende fädelst du durch die Schließlasche des Schnappverschlusses und nähst es von Hand an die Rückseite des Filzstreifens.

7. Das andere Ende legst du um einen großen Schlüsselring, es wird ca. 2 cm eingeschlagen. Dann steppst du es quer zur langen Seite auf der Bandvorderseite fest.

8. Das lange Band fädelst du um die andere Hälfte des Schnappverschlusses. Schiebe den Verschluss in die Mitte des Bandes. Direkt hinter dem Verschluss kannst du von Hand mit ein paar Stichen die gedoppelten Filzbänder fixieren. So rutscht der Verschluss nicht immer hin und her. Die offenen Bandenden werden 1 cm überlappend unter der Nähmaschine zusammengesteppt.

Alter

ab 8 Jahren

Taschenfieber

Material

Doppelseitiger Steppstoff
Filz, 3 mm stark
Druckknopf, Stecknadeln
Nähnadel, Nähgarn
Reihgarn, Nähmaschine
Schere, Lineal
Maßband, Bleistift
Transparentpapier

Vorlage 11

Mal ganz ehrlich: Diese Tasche sieht zum Nacharbeiten schon ganz schön schwierig aus. Doch keine Bange! In Wahrheit hast du es nur mit Rechtecken zu tun, wetten?

1. Mit dem Maßband misst du auf dem Vorlagenbogen die Schnittteile aus und überträgst sie direkt auf die Rückseite der Stoffe. Da es sich lediglich um Rechtecke handelt, ist das Übertragen auf einen Papierschnitt nicht nötig. Die kleinen Rechtecke für die Henkel (c) brauchst du zweimal. Anschließend schneidest du alle Stoffteile zu.

2. Das große Rechteck (a) faltest du mittig zusammen, sodass die schönen, also die rechten Stoffseiten nach innen zeigen. Die offenen Seitennähte steckst du mit Nadeln zusammen und steppst sie mit der Nähmaschine zusammen. Dies ist der Taschenbeutel.

3. Als Nächstes legst du den Filzstreifen (b) zu einem Ring, die Naht liegt genau Kante an Kante. Genau so platzierst du den Ring unter der Nähmaschine. Wichtig ist, dass die Stoßkante exakt in der Mitte des Nähfüßchens liegt. Mit einem breiten, aber dichten Zickzackstich wird die Naht geschlossen.

4. Jetzt nähst du einen Faden mit großen Reihstichen (siehe S. 28, Bild 3) von Hand 2,5 cm unterhalb der oberen Kante des gewendeten Taschenbeutels ein. Dann schiebst du den Stoff so lange zusammen, bis der Umfang des Taschenbeutels dem des Filzbandes entspricht. Das nennt man „Kräuseln".

5. Von Hand heftest du den Taschenbeutel mit Reihgarn hinter den Filzstreifen. Danach steppst du die beiden Stoffe unter der Nähmaschine zusammen. Im Anschluss kannst du den Reihfaden vollständig entfernen.

6. Wende jetzt die komplette Tasche. Ziehe die Ecken des Taschenbodens so auseinander, dass die Seitennähte aufeinander treffen. Dann steppst du jeweils eine Naht 4 cm oberhalb der Spitze ab. Das sieht aus wie ein abgenähtes Dreieck. So entsteht der Taschenboden. Wende die Tasche wieder.

7. Die beiden Henkel (c) werden entlang der langen Seite mittig gefaltet. Die schönen, also rechten Stoffseiten liegen aufeinander. Dann steppst du die lange Seite knappkantig zu. Jetzt wird es ein wenig kniffelig, da du die schmalen Träger durch die offene Seite wenden musst.

8. Nähe die Träger von Hand an den Filzrand an. Für den Verschluss schneidest du eine freie Form aus dem gesteppten Stoff aus. Diese steppst du ringsum mit einem Zickzackstich ab. Jetzt nähst du einen Teil an dem inneren, hinteren Filzrand mit der Hand fest. Auf der Vorderseite nähst du einen Druckknopf auf den Filz. Das Gegenstück nähst du unter den Verschluss.

Alter

ab 10 Jahren

Mäppchen

Material

Kordstoff, Stoffmalstifte
Klettband, Karoband, 2 cm breit
Stecknadeln, Nähnadel
Nähgarn, Reihgarn
Nähmaschine, Zackenschere
Schere, Lineal, Bleistift
Transparentpapier
Bügeleisen, Baumwolltuch

Vorlage 12

Ist dein Mäppchen mal wieder zu klein? Kein Problem, ein maßgeschneidertes Etui löst alle Platzprobleme.

1. Um die Vorlage für das Mäppchen zu übertragen, legst du das Transparentpapier auf die Zeichnung, paust die Umrisse ab und schneidest sie aus.

2. Als Nächstes legst du den Papierschnitt auf die Rückseite des Stoffes und steckst ihn mit Nadeln fest. Danach wird der Stoff mit der Zackenschere ausgeschnitten.

3. Findest du deinen Stoff zu langweilig, kannst du mit Stoffmalstiften ein paar kleine Muster auf die Vorderseite malen. Bevor du weiter arbeitest, lässt du die Farben trocknen und fixierst sie anschließend mit einem Bügeleisen. Decke dabei den Stoff vorsichtshalber mit einem Baumwolltuch ab.

4. Als Nächstes bügelst du die obere und untere Stoffkante auf der linken Stoffseite jeweils 2 cm um.

5. Für den Verschluss schneidest du Klettband zu: Die Länge sowohl des Hakenals auch des Flauschbands beträgt 2 cm weniger als die Breite des Mäppchens.

6. Als Nächstes nähst du mit einem Reihstich das Klettband auf die umgebügelten Kanten (siehe Seite 28, Bild 3) und steppst es dann jeweils an der oberen und unteren Kante mit der Nähmaschine fest. Der Reihfaden wird entfernt.

7. Jetzt wendest du den Stoff und nähst jeweils ein Karo-